# 오후의 점술사

형상시인선 45 심수자 시집

# 오후의 점술사

인쇄 | 2025년 9월  5일
발행 | 2025년 9월 10일

글쓴이 | 심수자
펴낸이 | 박윤배
펴낸곳 | 잉어등
　　　　42933 대구시 달성군 가창면 가창로 1103번지 2층
　　　　전화 (010)9187-1044
　　　　팩스 (053)767-1044
　　　　등록일 | 2023년 7월 17일
　　　　등록번호 | 제2023-000009호
　　　　이-메일 | rudnfvksghk@hanmail.net
책임편집 | 박윤배
교　　열 | 심수자

ⓒ 심수자, 2025, Printed in Korea
저자와 협의하여 인지를 생략합니다.

ISBN 979-11-984135-9-8 03810

값 12,000원

*이 책의 판권은 저작권자와 잉어등에 있습니다.
*이 책 내용의 전부 또는 일부를 재이용하려면 양측의 동의를 받아야 합니다.

형상시인선 45

# 오후의 점술사

심수자 시집

잉어듬

### 시인의 말

살아오며 마주친 눈빛들은 모두 친절했던가요

쌓인 함박눈 무게를 견디는 소나무 눈빛을
당신은 본 적 있던가요

듬뿍 뿌려진 소금에 고개 들지 못한 고등어
침묵은 또한 얼마나 깊던가요

갓 뽑아내어 끈적한 거미줄에 팽팽하게 걸어둔 죄책감들
그럴 적마다 쓸 수 있는
가면假面이 있다고는 말하지 않던가요

칡넝쿨이 아무리 친절했다 해도
벼랑 끝의 나에게 손을 내민 것은 아니었다고
내 입으로 말할 수는 없겠죠

짓눌리는 통증에도
십자가의 무게를 견디는 새벽기도

당신의 친절한 처방전이라, 나 믿기로 하죠
– 자시 「잔인한 처방전」 전문

## 차례

• 시인의 말

## 1

앙상한 앙상블 ... 12
꿈꾸는 반원 ... 13
내가 탄 기차는 ... 14
겨울 단상 ... 16
마지막 모시나비 춤 ... 18
내가 흘러, 너도 흘러 ... 20
꿈꾸는 외출 ... 22
김장 ... 24
내일은 희망 ... 26
두타산 적송 ... 28
무채색의 변 ... 29
마모의 미학 ... 30
망설임, 혀, 보름달 ... 32
편두통, 기우뚱한 ... 34
맨발의 감정 ... 36

## 2

물방울 랩소디 ... 40
바다論 ... 42
봄을 계산하다 ... 44
빙점 ... 46
시소 올라타기 ... 47
수국사에서 ... 48
배롱나무 독백 ... 49
아모르 파티 ... 50
오후의 점술사 ... 52
완주 ... 54
멈춤 버튼 앞에서 ... 56
높이뛰기 혹은 멀리뛰기 ... 58
봉화의 겨울 ... 59
꿈, 상강에 닿다 ... 60
포테라돈의 눈물 ... 61
정물화를 버리다 ... 62
도라지의 꿈 ... 64
증발 ... 66

# 3

지구본 여행 ... 70
기다리는 청명 ... 72
실려 가는 꽃 ... 74
순응의 눈빛 ... 76
상강을 말리다 ... 77
출구와 입구 사이 ... 78
포말泡沫, 흰색인 이유 ... 80
화석나무 ... 81
함박눈 타르트 ... 82
풍경의 무게 ... 83
마지막 고비 ... 84
황송한 착각 ... 86
휘발의 시간 ... 88
어디나 정점 ... 90
눈꽃 ... 91
푸른 얼룩 ... 92

# 4

문장 속으로 들어 ... 96
꽃등 ... 98
꿈꾸는 비상 ... 99
게임의 법칙 ... 100
수선집 여름 ... 101
감응의 구간 ... 102
달타령 ... 104
적요를 읽다 ... 106
넝쿨의 힘 ... 108
사랑의 구충제 ... 110
순례의 길에서 ... 112
꽃의 전도사 ... 114
붙박이의 꿈 ... 116
너는 나를 볼 수 없지만 ... 118

| 해설 |
카이로스적 시간의식을 통한 존재론적 현실의 자각
 _ 박남희 ... 120

*1*

## 앙상한 앙상블

우수수 빠져나가는 생각들이
걸어온 길을 지우고, 당신을 지우면서
나무는 더욱더 앙상해져 간다

흔들지 않아도 흔들리면서 나이테 중심에서 멀어진 지 오래

당신의 하루와 나의 하루는 말 없는 부처꽃을 닮아간다

부엉이 울고 뻐꾸기 운다 해도 이미 밤과 낮은 익숙한 동의어

어느 것이 먼저고 어느 것이 나중인지
우리는 서로를 구분하지 않는다

얽히고설키는 그물 같은 생각들은

아궁이 불 지필 나뭇단이 될 뿐

## 꿈꾸는 반원

더 많은 파이를 박쥐나무는 원하지만
이제 파이는 키울 수 없어요

더 이상 파이가 자라지 않는 건
줄어든 근육에 검버섯 피기 때문이죠

웃다가 생긴 주름인들, 울다가 패인 주름인들
건너던 징검다리에서 흐르는 물에
얼굴 비춰보기 전까지는 알 수가 없죠

벼랑 끝에서 찬 바람 불어올 때
심호흡하지 않으면
당장이라도 심장이 멈출 것 같아요

가창오리떼의 군무가 반원을 그리며 날아오르지만
그건 자라나는 파이는 아니지요

해가 지면 어두워진다는 걸
아침을 기다리는 박쥐나무는 알지만
동굴 속 꿈에서
언제쯤 깨어날 수 있을까요

## 내가 탄 기차는

제1 열차엔 꽃봉오리들 가득하고
제2 열차엔 젊은 연인 커플들 다정해 보인다
제3 열차는 신혼부부들 전용 칸?

제7 열차는 비어 있는 옆자리를 두고 어디서 내려야 할지

어느 칸이 내가 타야 할 칸인지
눈앞 흐릿해 제대로 보이지 않는 숫자들
몇 칸을 뒤로 물러나도 눈에 들어오지 않는 내 자리

산천호, 산그림자 데리고 그냥 내달린다

야간열차에 몸을 싣고 덜커덩거리며
새벽에 닿은 종착역이 낯설었던 그때는
나, 꽃봉오리로 해운대를 찾았었는데

산그늘 사라지니, 뒤따르는 석양

저 노을을 만나지 못했다면
창밖도 창안도 아름답다는 것 알기나 했을까

〉
보이는 마을 교회 철탑 위 십자가
개밥바라기별로 뜬 듯 반짝이는 불빛 속으로
기차는 서서히 달리다 멈추고

이것이 본래 기차의 운명이라는 듯
멈추었다가 또 달리고

## 겨울 단상

눈의 무게 이기지 못한 침엽수의 비명이
산길의 고요를
우지끈 깨우는 것입니까

길도, 바위도, 묵언 중이어서
까마귀조차 울지 못하고 빙빙

세울 이정표는 얼마간의 기다림이 필요합니다

우지끈 먼 가지부터 무너지는 소나무는
곁에 누군가 있어도 외롭다는 몸짓입니까

추위 끝에 피워낸 얼음꽃이라 한들
외로움 끝에 피워낸 상고대라 한들

투명이 투명을 부여안았다고 해서
당신이 함부로 내뱉은 말에는
뼈가 없다 자부할 수 있겠습니까

하얀 풍경에서 까만 점으로 날아오른
까마귀 꽁꽁 언 부리에는

어느새 솔잎 몇 개 물려 있습니다

추워 보이는 돌탑 정수리를
가만가만 덮어주려나 봅니다

## 마지막 모시나비 춤


지상의 풀벌레가 가을을 하늘로 울음을 타전한다

살아가느라, 살아내느라
하늘의 말씀 귀 기울이지 못해
순리를 거역한 죄들

적나라해진 민낯의 귀뚜라미는
살아간 것, 살아낸 것 꼼꼼히 기록해
하늘길에 드문드문 팻말로 세워두려나 보다

무심코 주워든 새의 깃털로
구름에 써 내려가는 불립문자

가을 들판 허수아비는 견딘 어제를 밟고
붉은 성적표 받아 들고서야
미간 좁아지는 하늘 향한 손짓이다

사는 게 힘들었냐며
하얀 눈발은 또 얼마큼이나 뿌려질까

자식들 다 떠나보내느라 어미는

닳고 닳은 무릎 이제야 일으켜 세운다

모시나비 앞세우고 거울 속으로 들고 있다

## 내가 흘러, 너도 흘러

어제도 말없이 흘러온 형산강 따라
나도 흐르고 있다

보았다 해서 보았다, 말하지 않고
들었다 해서 들었다, 하지 않는
자갈돌 깔린 나의 바닥을
강물은 얼마만큼이나 이해하는가?

타인이었던 우리가
마주친 눈빛만으로 온기가 느껴진다는 것은
함부로 체위를 바꾸지 않고 흐르는 저 강 때문

이승과 저승을 되새김질하면서
서로 잡고 놓지 못한 끈적거림이
강변의 수풀로 자라고 있다

예전의 물길이 오늘과 같다고
저문 강 앞에 짐작하는 건
나 혼자만의 오류는 아닐 것

〉
서로가 서로에게 등을 내어주다가
끌고 간 것도 끌려간 것도 아닌 너와 나
아직도 함께 유유히 흐르고 있으므로

## 꿈꾸는 외출

장롱 안쪽에 웅크린 가죽 벨트, 코브라 같다
피리 소리 따라 비틀던 너의 허리

배고픈 허리 졸라매느라
늘어난 서너 개의 구멍은
몸부림으로 헐거워진 껍질의 통증

이따금 한 번씩 움찔거릴 때마다
등가죽이었을까, 뱃가죽이었을까
까슬까슬해진 손끝으로 의문들 뒤집어 본다 해도

독니를 잃어버린 너는
습관처럼 똬리를 틀고 앉았을 뿐
늘어가던 구멍의 의미는 읽으려 들진 않았지

한때 팽팽하던 내 허리
사정없이 졸라매면서
옛날의 피리 소리 그리웠던 것일까

문틈으로 보이는 가늘게 뜬 코브라의 눈

〉
아득한 별빛 속에서
증발한 내 눈물의 입자들 반짝인다

# 김장

녹슨 쇠사슬에 내린 서리를 보다가
풀잎처럼 스르르 무릎 꿇을 날이 왔음을
나, 직감한다

왼쪽으로, 오른쪽으로 휘어지면서 꺾이면서
막무가내이던 고통은
마디마디 통점으로 남았으니
힘없이 부서지는 뼈마디 소리 끌어모아
허공 향해 한꺼번에 비명 내지를 때가 온 것이다

따로 움직이는 왼손과 오른손으로
우뇌와 좌뇌의 생각을 골고루 버무린다

꿈속에서 들려오는 듯 밭고랑의 아우성에 번쩍 뜨여지는 눈

바람이 밀어낸 자리에 생겨난 공터는
이제 어떻게 잔설을 껴안아 주어야 하나

곰곰 생각에 잠겨도 본다

날아오르는 새가 깃털 하나 떨어뜨렸으니

햇빛을 찍어 새 주소지를 써넣어야지

몸부림치면 칠수록 친친 감기던
어둠의 쇠사슬 스르르 풀려 사라질 날은
머지않아 오고야 말 것이니

## 내일은 희망


전깃줄 위 군데군데 무리 지어 내려앉은
아침의 새 떼, 3마리, 5마리, 7마리, 11마리
헤아리면서 오늘을 점친다

시멘트 길바닥에 갈겨버린 새똥에서
흰 국화꽃 여기저기 무더기로 피어났으니
어쩌면 슬픔과 기쁨, 그 간격을 잴 수도 있겠다

시린 손끝으로 그려온 생의 밑그림
표정은 달빛 닮아서, 눈빛은 별빛 닮아서
광대 같은 표정 들킨 적 없는 나

전깃줄에 걸린 하늘을 요술 거울이라 부른다

혓바닥 아래로 밀어 넣어야 했던 겨울의 통증은
눈빛 맑은 새들이 기록해 두었을까

들키지 않으려던 울음소리는
어둔한 생존 방식이어서

언제나 잘게 저며둔 침묵 발효되고 나니
떠나는 새 떼 먼 허공 길 줄줄이 긋고 있다

내일의 로또 숫자는 5번 아니면 7번

서랍 속에 넣어둔 새벽이
손목시계를 3시에 멈추게 했으니
날 밝으면 잊지 않고 새 전지 갈아 끼우러 가야지

## 두타산 적송

아름드리 저 소나무는 가끔 뜯어 먹은 구름으로
몸 안 나이테 붉게 새겼을까

지워져 가는 산짐승들 발자국까지도
몸 안 차곡차곡 새겨 넣으면서
몇백 년 면벽의 자세로 허공에 닿은 눈빛

속세의 번뇌 버리려 천은사 부처를 찾아가겠다고
바랑 걸머지고 두타산 고갯마루 넘어가던
옛사람들 눈빛도 박혀있을 것

나무는 먼 세월 천천히 더 걸어가야 할
움푹움푹 깊어진 살갗

아직도 걸어가야 할
오늘의 내 등산화 발자국은
나무의 길에서 어떤 문양으로 기억될지

지워지기도 하고
남겨지기도 하는 눈길 끝에서
아래로 툭, 떨구는 두꺼운 나무껍질 하나

붉은 사리 같은 안쪽의 살갗을 슬쩍 보여준다

## 무채색의 변

칠흑의 어둠이 고요를 데려왔다

흰 고요일까, 검은 고요일까

검은 옷을 입어도 흰옷을 입어도
온전히 제모습 드러내지 않는
무채색은 무채색일 뿐

어둠에 젖은 갈망의 눈빛이 번뇌에 이르기까지
108번을 백팔 번 부르짖어도
채색의 무늬는 보여주지 않는다

어둠이 깨어지면 고요는 옷을 벗을 테지

소소한 소리 들이 반경 넓혀가는 동안
흰옷도 검은 옷도 물러설 곳 없어
그라데이션으로 자신을
조금씩 드러낼 테지

반짝이며 쏟아지는 무수한 빗금들
수면의 안개가 지울 때까지

## 마모의 미학


끌고 다닌 자동차 바퀴
얼마나 더 굴리면 닳아 터질까

두껍게 쌓인 슬픔도 마모되어 얇아지라고
뒤가 비치는 종잇장 서해
구불구불 기어서 나 여기까지 왔다

어촌 노인정 문 열고
우르르 몰려나오는 할머니들
뒷그림자는 내가 닮아 갈 만년필 글씨들

자신은 되돌아볼 사이 없이
자식들 먼저 걱정해 왔던 시간들
갯벌에서 여러 번 꺾인 무릎
눈빛 붉은 비둘기 떼가 파먹고 있다

배불리 먹고 허리 좀 펴라고
절뚝거리지 말라는 어떤 위로에도
오늘의 서해 갯지렁이는 비틀거리는 새들에게

자신을 모이로 던져준다

백미러로 들어온 석양이
내 몸에 깃든 일몰도 모른 채
시커먼 세월의 허파를 꿈틀꿈틀 뒤집고 있다

## 망설임, 혀, 보름달


면과 면이 마주한 아파트
심장의 모서리에 불이 켜진다

서식지 없이 꾸어온 꿈들은 흑백
갈대처럼 물구나무를 서도
어둠은 집요해서
검은 도요새 눈빛은 감지되지 않는다

침묵의 혓바닥이 열꽃을 피워도
깃털 터는 소리도 들리지 않는 고요

폭 좁은 강물의 목구멍
숨어있던 뼈 없는 말들은
기침도 없이 스멀스멀 기어 나오고

열꽃 머문 자리 보름달 뜨고서야
어둠은 환해지려는 것일까

바람이 면과 면에 붓질하면

생겨나는 너의 발자국
지워지는 나의 발자국

아파트 심장 모서리는 불이 꺼지고

## 편두통, 기우뚱한


한 사람이 세 사람이 되고, 네 사람이 되는 동안
꽃들은 침묵에 들었다

오후 세 시가 새겨진 커튼 속 괘종시계가
울지 않고 그냥 지나간다 해도
달팽이 걸음은 멈춘 듯 멈추지 않는다

오독의 시간이면 어때, 우기에 끌려다녔으면 어때

사람과 사람 사이 내리는 안개비에
시계의 톱니바퀴는 녹슬고 녹슬어 저절로 삐걱거리고

침묵의 꽃봉오리들 깨어나 기웃거리면
세시의 유리창을 가로막은 커튼의 무게는
점차 가벼워지겠지

마침내 네 사람이 한 사람이 되고
피웠던 꽃들 저절로 고개 숙였다 해도
탁자에 놓인 책의 낱장, 저절로야 넘겨지겠는가

〉
시계 반대편 벽에 걸린 그림 속 여자의 표정은
나를 닮아 여전히 기우뚱이어서
더는 끈적이는 슬픔, 만지지 말기로 한 나

앓고 있는 편두통 속에서
화가 모딜리아니를 꺼내주고 싶다

## 맨발의 감정

떼어내는 불두화 꽃잎에서 걸어온 길을 감정해 본다

발 부르트도록 걷다가 달리다가
생긴 가슴 통증, 얼마를 더 견뎌야 꽃
바글바글 피워 걸어갈 길에 등불로 밝힐 수 있을까

배가 고파 발등밖에 볼 수없는 나는
지평선 따라 쉼 없이 걸어가지만
땅의 끝은, 잡히지 않는 신기루

빠르게 사라지는 양지 뒤에서 밤을 지키는
어둠 속 까마귀 젖은 목소리 들려올 때마다
칠흑의 하늘에 생겨나는 별자리들은
독수리자리, 물병자리, 전갈자리

마른 풀잎처럼 헝클어진 감정 가지런히 추슬러
한쪽으로 기울어지지 않을 수평 맞추느라
두 눈은 자꾸만 붉어진다

빛과 어둠을 나누어 밟으며
어제를 견디고 또 오늘을 견디는

저 맨발의 까마귀를 닮고 싶은 나

불두화로 감정鑑定한 감정感情의 무게
손저울에 가만히 얹어본다

*2*

## 물방울 랩소디

빗물이 무거워 고개 아래로 떨군 꽃 에인절트럼펫을
창가에 앉아 물끄러미 바라본다

여기저기 서로 뭉치기 바쁜 물방울들이
디딤돌 없는 유리창에 착지하지 못해
속절없이 아래로 주르르 미끄러져 내린다

시커먼 감정들이 목울대에서 울컥거리다가
비에 눌린 나는, 기름기 뽑아낸 깻묵처럼
더 단단해지고 말았다

출구 없는 어둠 속에서도 나를 견디게 하고
너를 견디게 했던 서로의 어린 눈물 이야기들을
귀 기울여 들어 주던 에인절트럼펫이
이젠 노래로 들려줄 차례가 된 거지

혼자만의 해석, 혼자만의 의미를 부여하던 나는
흘러내린 물방울들이 어느새 뿌리에 스며
말라 누워있던 변방의 풀들
꼿꼿하게 일으켜 세우는 것을 본다

〉
일제히 아래로만 향하던 천사의 꽃들
어둠 속에서 키운 새 한 마리 목을 축일 때
일제히 하늘 향해 나팔 불날 기어이 오고야 말겠다

그해 그날엔. 하지夏至의 북극에서
종일 해가 지지 않을지도 모른다

## 바닥論

바닥에 닿은 발끝, 버티고 버티다가
아무렇지도 않게 새벽달을 삼켰다

어둠의 낱장 얼마나 더 넘겨야
필사적으로 얼마를 더 내 달려야 추락은 멈추게 될까

이명처럼 들려오는 비명에
풀리지 않는 매듭 손에 쥐고 끙끙거려도
바닥의 깊이는 어떤 도구로도 잴 수가 없다

빙그르르 도는 오류의 시간 속에서도
또 다른 등고선을 넘어 활짝 피는 꽃

낮은 곳으로 흐르는 물줄기 따라가면
초록 달로 덩그러니 솟구쳐 오를 수 있는 희망
넝쿨의 한 매듭인 자신을 끝점에서나 만날 수 있을까

시장바닥에서 고르고 고르다가
두 손으로 번쩍 들어 올린 수박

집으로 들고 와 칼로 쪼개니

뜨겁던 가슴 안쪽에 알알이 박힌 씨앗들

검게 여물었다, 종자로 쓸 수 있을 만큼

## 봄을 계산하다

곱은 손가락이, 마지막으로
튕겨낸 주판알에서
복화술로 피어나는 꽃들

어제의 내 허기가
줄줄이 매달린 마른 나뭇가지에서
버들강아지로 피고 있다

찬바람이 휘두른 회초리도
너덜경도 읽어내지 못한 문장부호
맑은 눈을 가진 길의 모서리는
얼마만큼 생의 이력으로 읽을 수 있을까

들숨과 날숨으로
하얗게 피어오른 입김에서
아른거리는 봄

흘린 눈물 처마 끝에 거꾸로 매달린
물빛가계부 안에는
똑, 똑, 똑

〉
한 방울씩
고드름이 녹고 있다

## 빙점

앙상한 활엽수 가지 사이로 밤새 내려온 눈발이
가랑잎 덮인 무덤 위에 얼음꽃 피웠다

바위에 흩뿌려진 눈가루는 시루떡
층층이 쌓인 탑은 배고픈 새들을 불러들인다

겨울 산 오르는 길 어디쯤에서
털썩 주저앉은 나, 그대로 굳어져 버린다면
먼 훗날, 어느 누가 지나다가
나인 것을 알아볼 수 있을까

미끄러워 허우적거릴수록 꽁꽁 가둬버리는 상고대
겨울 산에서 얼마를 더 기다려야
노란 꿈 복수초를 볼 수 있을까

저만치에 선, 부처 닮은 큰 바위 얼굴은
고픈 배는 뒷전, 눈썹이 무거워 글썽거리는 눈빛

만 가지 번뇌가 만 가지 희망이 되는 가야산은
이제야 만물상을 차린 것이다

## 시소 올라타기

세상 끄트머리에 시소가 있고 시소 끄트머리에
늙은 시소가 앉아있다

공중으로 들려 있는 반대편 끄트머리를
물끄러미 바라보는데
지나던 무명의 어둠이 냉큼 내려앉는다

어둠과 빛이 눈꺼풀을 사이에 두고 시소를 탄다

이쪽이 올라가니 내려가는 저쪽
저쪽이 올라가니 내려가는 이쪽

어느 쪽이 더 무게를 지녔는지는 알 수 없어도
이쪽과 저쪽, 어둠과 빛의 대결은 치열하다

빛이 어둠을 이기는 것은
성가를 부르는 입들이 열려 파문처럼 번지는 응원가

꼼짝하지 않던 시소는 허공을
성난 염소의 뿔처럼 치받고 있다

## 수국사에서


빛깔 고운 수국이 고요해질 무렵이면
나 수국사 간다

강제 징용된 수백의 조선인들
배는 탔어도 바닷길은 열리지 않아
살아서 각자의 고향으로 돌아가지 못하고
죽어 대웅전 한쪽에 위패로 모셔졌다

경주 수국사에서 이끼섬 천덕사에서
매년 번갈아 위령제 지내는 천장 연등 속에는
아직도 젖은 눈빛들 조롱조롱
알밴 거미들처럼 매달려 있다

돌아오지 못한 혼이 실린 듯, 연화봉 산까치떼는 날아와
절 뜰, 산사 나뭇가지에 내려앉더니
한참을 우짖고 날아오른다

현해탄 물결무늬로 오그렸다 펴지는 꽃잎들
진혼의 날갯짓인 양, 피고 지는 수국

무릎 꿇은 비로자나불 앞에서

뚝뚝 멍 자국마다 미소로 번지고 있다

## 배롱나무 독백


이리저리 섞어도 모음과 자음뿐인 입속말들
빨간 밑줄을 어떻게 그어야 하나

상처 난 말들 탑으로 쌓아 본들
고스란히 남는 그림자는
동그라미나 직선보다는 꼬불거려야 했다

가시를 벗어나지 못한 굴레이거나
통증을 삼킨 오랜 호곡으로
오,오,오 목소리 잃어버린 호랑나비를 불러들여 앉혀 둘까

춤사위라도 벌인다면 시퍼런 가슴속 멍 지워질까

가지 끝에 걸린 당신 눈빛 붉어진다 한들
읽을 수없는 나의 눈, 난독증이라 말할 수밖에

지고 말 꽃잎들을 앞에 두고도 꺼내지 못한 입속의 말들로
얼마나 더 울타리를 세워야 하나

우.우.우 복화술 같은 너의 독백에
우린 눈부신 꽃송이로 피어나겠지

## 아모르 파티

눈 비탈길, 가시밭길, 너덜겅을 걸어온 발자국이
쉬지 않고 구르고 굴러오느라
몸 안에 생겨난 꽃무늬를 필사한다

모두 쓰렸다고

어둠에 젖은 눈빛으로 별을 헤아리려다
발바닥으로 쓴 긴 시들

상처의 흔적이더라고

까마득하게 걸어온 등 뒤의 길이
걸어가야 할 길 앞에서 더 아득해질 때
어디선가 들려오는 종소리

기필코 난 필사한다

다른 세계로의 환승을 꿈꾸면서
도로 위를 자동차 몰고 달리는 동안
즐비하게 필사해 온 길들 모두 증발할지라도

〉
수없이 헛바늘 돋게 했던
헤드라이트 불빛에 모여든 날벌레들
아모르 파티로 춤출 때

기어이 상향등을 켠다

## 오후의 점술사


돌아보니, 어느새 오후의 긴 그림자 속이다

닳은 신발 벗어 던지듯
후박나무에서 뛰어내리고 보니, 어물전 좌판
나란히 누운 물고기들은 원망에 찌든 눈망울

칼 든 어물전 여자의 손등도
봄이 되면 파릇해질 거라 했다

흩뿌려진 소금 알 속에서는 쉽게 풀 수없는 매듭 탓에
운명이 긁어내는 생선 비늘은
어느 마법사의 피리 소리가 닿는 날
묶인 한파에서 풀려날 수 있을까

눈자위 빨간 얼룩 지우겠다고
밤눈 어두운 내게 일몰은, 자꾸 걸어 들어오는데
어제의 손끝에서 더듬더듬 만져지는
내일의 운명

개다리소반 위에 던진 쌀알을
손가락으로 이리저리 밀고 있는 후박나무는 점술사

밑그림으로 또 물고기를 그리고 있다

벌레가 파먹고 지나간 잎맥 속으로
빠져나온 그림자가 어렴풋이 보여주는 길이란

<u>그도 모르고 나도 모르는 미래다</u>

한 여자 손에 들린 칼
내리치는 속도가 달라져도
도마 위 놓인 물고기, 눈망울은 여전히 붉었고

## 완주

갯바위에 고인 물이 맹목적으로 보일 때
우연인 듯 갇힌 낮달의 순수를 꿈꾼다

배반한 적 없으니, 배반할 일 없을 거라는 청맹과니 사랑은
오월이 배경인 바다에서
미치도록 치맛자락 펄럭이고 싶다

산들바람이 떠미는 남해의 붉은 수면
난 얼마나 많은 고민으로
사랑은, 휘모리장단 퍼포먼스일 거라고
물결 퍼즐을 맞추려 했던가

염초들 다 지워진 길에 움튼 초록
내 발자국이 첫 발자국인 양
꾹꾹 다지면서 물컹한 바닥을 골라 밟는다

당신 향한 완주를 위해 해답 없는 백지를 받쳐 들고
오늘 갈 수 있는 길, 내일 갈 수 있는 길을
차곡차곡 등고선으로 그려 넣는다

옆으로 걷는 달랑게 한 마리가

마지막 붉은 화살표를

서녘 하늘 비친 갯벌에 남기고 있다

## 멈춘 버튼 앞에서

맛있는 음식을 혼자 먹다가
밑 빠진 독에 쌀을 쏟아붓다가
순간들을 문득, 멈춰 세우고 싶어졌다

탑처럼 쌓인 신용카드 결제금액청구서를 바라보다가
몰려오는 편두통에 머리를 흔들다가
이전에는 본 적 없는 디오라마 속에서 헤맨다

거울을 깨고 거울 속으로 달아나고 싶어졌다

현실은 영화처럼 아름답지도 않았으므로
내가 나를 알아볼 수 없을 것 같아
담장 그늘에 검은 고양이로 앉아본다

윤기 도는 털을 혀로 가지런히 가다듬어 보다가
순금으로 그린 고려불교 탱화 속으로
살그머니 손 들이밀어 보다가

절대 인간이 그린 게 아니라고
빡빡 우긴다

〉
나도 모르게, 순간에서 순간으로 옮겨가는 나
일지 정지 버튼을 달아주고 싶다

## 높이뛰기 혹은 멀리뛰기


달려온 길, 더듬어 볼 궤적이 없으니
가벼워지더군요

시작과 끝점은
마주할 수 없다는 것 알기에
피어나는 꽃들, 더 멀리서 바라보려 했지요

쌓여가는 시간과는 모질게도 불협화음이므로
어둠의 변곡점에 이르러서야
새로운 길이 보였죠

이쯤이 활주로인 듯
두 눈 부릅뜨고 망설임 없이 장대를 꽂아
휨새의 탄력을 받아요

온통 어둠뿐인 땅을 짚고 공중으로
힘껏 솟구쳐 보는 거죠

청명한 하늘 아래 뒤틀린 마디마디여도

농익었군요, 봉숭아 꽃씨는

## 봉화의 겨울

하늘이 보여주지 않으려던 땅이 봉화였나

입구 가로막고 쉽게 열어 주지 않던 길
눈 무게에 눌린 소나무 가지가 우지끈우지끈

세속의 발걸음 함부로 들이지 않으려
사방 사십 리 첩첩산중의 한중간
원효가 하늘 끝에 걸어둔 도솔암

산도라지 캐 먹으며
道我智의 의미를 깨달았다는 암자의 스님
마루 기둥에 걸어둔 금 간 거울은 무슨 의미일까

여러 번 깨어지며 지나갔을
무상한 겨울을 보여주는 것인가?
바뀌지 않는 세상을 보라는 것인가?

우리를 인도한 건 산양 발자국
사자후는 없었어도 무언의 법문에
떠메고 간 두 발의 무게 내려놓으니

내려오는 길은 미끄럽지 않았다

## 꿈, 상강에 닿다


분홍을 너무 빨리 잃어버려 발바닥 뜨겁기만 하던 모랫길

목표물 정하지 못한 채, 이 보 전진 일 보 후퇴

어제의 물음표들이 숨차게 쏟아져 내린다

제자리걸음에서 부풀려진 세상 말들을 쫓다가
길이 짧아져 버린 호흡이
꿈의 색깔 찾겠다고 허비한 시간은 별빛으로 총총 걸렸다

갈색으로 변해가는 잎들 반경 따라 발걸음 옮겨가고 있는 나

상강에 서리 내리면 도마뱀 꼬리만큼 남아있던 꿈마저
어디론가 사라진다는 것, 아는

눈빛 마른 나뭇가지에 홀로인 새로 앉혀둔다

눈꽃가루 휘날리기 전 철새들은 날아가고
또다시 돌아올 봄날 꿈은 휘돌아가는 물에 내어줄

내성천 너는 늘 분홍이기를

## 프테라노돈의 눈물

마지막 익룡은 상승기류 기다린 적 있었을까

프테라노돈이 흘린 눈물이
오늘날까지 마르지 않았다면
수증기는 흩어지다 뭉치다 집요하게 몸을 굴릴 것이다

날지 못하는 새들에게 그늘이 되어주려
새털구름도 되었을 것이다

맹물 같기도 하고 쓴 물 같기도 한 헛물 들이키면서
되돌아갈 수 없는 길까지 달려온 나
이제 독수리 날갯짓으로 날아오를 기류를
솟대 위에서 기다려야 할 때

새의 눈을 닮으면 허공 길도 찾을 수 있을 것 같아
역풍의 바람에도 유턴은 하지 말자고
구름 기둥에 좌표를 걸어둔다

낯선 하늘 뚫고 날아오르는
힘찬 독수리를 수천만 번 꿈꾸면서
솟대 위 새들의 조상은 익룡이었을 것이라고

신이 숨어버린 말간 하늘을 오늘도 올려다본다

## 정물화를 버리다


간장 종지만 한 생각이 틀을 부수었다

더 이상 갇혀있기 싫었던 거다

활보하는 거리의 사람들을 보다가
아무 걸림 없이 흐르는 강물을 보다가
느티나무 그늘에 들어 다시 생각은 생각에 빠진다

정물화 속에 놓인 정물 같다는 생각에
생의 탁자를 뒤엎고 싶어지는 나

생각들이 만든 색색의 옷을 입고
신발을 신고, 가방을 들고
얼마나 많은 생각 속에서 헤매었던가

일찍이 부수지 못한 탁자 앞에서
고요한 것들에게 장송곡을 들려주어야지

등짐 지고 모래사막을 걸어간다 해도
목이 마르다는 생각을 아주 버린 낙타처럼
지워져 보이지 않는 길에 터벅터벅

〉
무거운 발자국 내려놓는 생각에 드는 사이
기상 오보 없는 사막에는
장대비가 내리고

## 도라지의 꿈

피고, 지는 간격 사이에서
어쩌지 못하는 아픔을 밖으로 분출하려고
참을 만치 참았다가 터지는 도라지 꽃망울은

슬픔이다, 산란의 고통이다

지는 꽃의 막다름에서
뿌리는 여전히 흙을 감싸안았어도
사위어 가는 사람과 사람 사이를 본다는 건
풀잎 위에서 생을 마감하겠다는 모진 다짐이 되어
서럽게도 흔들렸다

꽃이 지나온 길은 다시 시작점이 될 수없는 걸까
간절함이 증발해 버린 허공에서는
는개조차 내리지 않는다

오롯이 맨몸으로 피어났으니
온전히 지기 위해서는 수시로 수신되는 슬픔도
차곡차곡 몸속 깊이 쟁여 넣으며
하루하루 견뎌야 했던 날들

〉
뒷걸음질 치고 또 치다가
끝내 빠져든 질곡 속이어도 껍질 훌훌 벗겨내고
한때 모질게도 사랑했던 사람의 제상 위에

하얀 알몸으로 물컹하게 눕고 싶다

# 증발

볼록볼록 주머니에 담긴 시간을 분 단위로 꺼내 쓰다 보니
점점 얄팍해져 간다

청춘에 내리던 꽃비의 시간
중년에 내달렸던 평행의 시간
생의 암호 푸느라, 끙끙거린 시간
알사탕처럼 줄줄이 엮여 나를 올려다본다

손가락만 까딱해도 배꼽 빠지게 웃던 시간은 짧았다

젊은 어머니가 늙어가는 시간도 짧았으나
어두운 터널 빠져나오는 시간은 곱절이다

흰 여백은 채워야 하는데
남은 퍼즐도 맞추어야 하는데
점차 가벼워지는 주머니의 시간
파종을 놓친 달력은 자꾸만 뜯겨 나간다

네가 나를 따라와도

내가 너를 따라가도
쏙쏙 주머니에서 빠져나오는 너는
걷는 길 멈추어도 멈추어 주지 않는다

제단을 쌓아도 보이지 않는 어둠의 배경에
까마귀 날아올라
총총해지는
별자리

*3*

## 지구본 여행

새벽 3시이든 오후 3시이든 그건 중요치 않다

3시만 되면 감긴 눈 뜨이고
뜨인 눈은 다시 3시 쯤에서 감겼다

대수롭지 않던 일이 대수로워졌다

습관이라는 것은 오묘해서
몸이 먼저 알아서 움직이는 거였으니
가슴과 머릿속은 서로 팽팽하다 할 수밖에

엇갈리는 계절 사이로 빙빙 돌리는 지구본
이쪽에선 푸른 숲이 **빽빽했고**
저쪽에선 눈 덮인 산들이 흰 지붕처럼 보였다

건기의 지대를 지난 코뿔소는
막 우기의 지대에 들었고
알프스의 몽블랑산맥을 지날 때는
버킷리스트에도 없는 하이디 소녀가 되었다

감겼던 눈이 캄차카반도에서 번쩍 뜨였다

쿠릴호수가 보이는 곳에서 어슬렁거리는 불곰

지구 한 바퀴 돌아 나온 3시가
돌던 지구본을 3시에 멈춰 세운다

팽팽해서 허물어질 것 같지 않았던
짐승과 인간의 경계도
반인 반수 3시가 허물어뜨리고 있다

## 기다리는 청명

어두운 터널을 빠져나왔다는 것
방금 피어난 꽃은 미처 몰랐다는 것이지

켜켜이 쌓인 어둠을 벽으로 세워두고
갈퀴 같은 손톱으로 긁어내는 작업은
이쯤에서 마무리할 때가 된 것이지

지워지지 않는 흰 눈의 배경에
가문비나무 한 그루 옮겨 심어놓는 것은
놓치고 싶지 않은 청명한 하늘을 오래 붙잡아 두기 위한 것

바람에 겨운 문맥 속에서
맑은 하늘 올려다보는 눈은 간절함에 젖을 뿐

무궁한 시공 몇 겹 건너온 돌개바람에
예측이 가능하던 날씨가 이유 없이 뒤틀리는 것처럼
제 속 비우지 못한 나무의 통증은
오롯이 그루터기에 남겼지

너와 나, 부딪치지 않고
하나의 원으로 살아간다는 것은

우리들의 주파수를 은하의 하늘에 맞추어야 하는 것

처음과 끝을 초록의 발걸음으로 함께 건너뛰어야 한다는 것

어둠은 결국, 어디론가 사라진다는 것을 예측했을까

하늘 가까운 곳까지 힘껏 밀어 올린 가지 끝엔
비로소 따뜻한 등불이 걸리고

## 실려 가는 꽃


누구를 떠나보내고 오는 길인지
누구를 떠나보내러 가는 길인지

요양병원 앞 신호대기 중인 앞차의 짐칸엔
근조 화환 몇 개 실려 있다

구불구불 만들어놓은 미로의 꽃길로
망자는 꽃향기 맡으며 하늘길을
걸어갈까, 날아갈까

걸어온 수십 가닥 길들 하나씩 풀어
몸 안에 구겨 넣은 저 트럭엔
암호로 찍힌 쉼표들이 덜커덩거린다

어제는 해맑은 웃음이더니
오늘은 생애가 마모된 젖은 내 눈빛

풀꽃 웃음 입가에 가득 물고
수없이 가늠하던 벼랑 끝에서

눈 지그시 감고 입 꾹 다문 채
브레이크에 발을 얹고 천천히 따라간다

캄캄한 강, 다리난간 위에
환송하는 손짓처럼 얹힌 화분에서
살빛 패랭이꽃은 넘실대고

## 순응의 눈빛

사람들이 이건 아니라고 고개 저을 때
끈질기게 벼랑 기어오르는 넝쿨처럼
나는 그렇게라도 살아야 한다고

그럼 그렇고 말고, 고개를 끄덕인다

자욱한 안개의 뒷모습에서 가시거리를 가늠하다가
어둠의 질량을 계산하는 나
새벽별 바라보며 고개를 끄덕인다

속도의 감각을 잃어버린 비가
강물의 앞이 되고, 뒤가 되기도 하는 것을
강변의 수초들은 아는 듯

앞뒤로 고개를 흔든다

검은 부리와 검은 다리를 가진 저어새는
물속에 비친 자신의 흰 몸통을 보면서

끄덕끄덕 순응의 몸짓이다

## 상강을 말리다

닳아 버린 것은 신발 바닥만이 아니다

눈빛이 닳고 마음이 닳고
뼈마디마저 다 닳아 버린 나는
당신의 뜨거운 입김 닿는다 한들 도돌이표일 뿐이다

양손으로 받쳐 든 계절이 팽팽함과 느슨함 사이에서
달력 숫자들을 모조리 뜯어내고 있다

신발 바닥이 닳은 만큼 자동차 바퀴도 덩달아 닳았다면
닳아도 닳지 않은 눈빛을 가진 당신의 반경엔
한 해를 마감한 풀들이 꼿꼿하게 서서
풍장으로 말라가고 있다

하루가 닳고 있는 막바지에 이르렀으나
서로 떨쳐 버리지 못한 미련에
이 끝과 저 끝을 마주 잡고
기어이 피우고 마는

눈물꽃

아랑곳없이 내리는 서릿발은 일말의 관대함도 없으니
버둥거림도 비명도 간결해야 했다

## 출구와 입구 사이

달리는 탑골行 전철에서 이젠 내려야 할 때

물 위 동동 떠다니는 하얀 껍질들이
소복하게 모여드는 탑골공원은
할아버지 할머니들의 쉼터

길에서 뾰족한 시간에 쫓기느라
숨 가쁘게 들려오는 풀벌레 소리도
귓가에 들여앉힐 여유조차 없이 동동거렸지

빠르게 빠져나가는 햇살 가두느라
가파른 논두렁 밭두렁 사이를 맨발로 누볐지

새끼들에게 속살까지 남김없이 파 먹힌 우렁이처럼
빈껍데기만 남아 동동 떠다니는 저들

온몸 진이 다 빠진 채, 지하철 출구 무리 지어 빠져나가
또 다른 어둠의 입구로 빨려드는 껍데기들

〉
내 몸뚱어리 살도 다 파 먹혀
소리 없이 물 위로 떠 오를 일만 남았으니
시려올 대로 시려오는 나의 뼈마디
우두둑우두둑 내려앉는다

## 포말泡沫, 흰색인 이유


나침판도 없었다, GPS도 없었다

떠밀리다 뒤돌아보니, 어느새 생의 7부 능선
지나온 길들이 파 뿌리처럼 펼쳐진다

천 개의 눈으로도,
천 개의 손으로도 내려놓지 못한
시간이 쓸어놓은 알의 무게에 차츰 가빠오는 숨

일그러지는 달의 표정에서 고래 울음소리가 들려온다면
나는 온전히 그믐에 갇힌 것이다

깃발처럼 펄럭이는 어둠 뒤에서
바다가 쉼 없이 흘리는 눈물이
갯바위에 닿아 철썩철썩 부서지고 있다

아득한 지평선을 지나면서 밤바다에 쓴 문장은
누구에게도 발설하지 말아야 할 비밀

물거품으로 툭툭 터지고 있다

## 화석나무

보이지 않는 것들, 멈추면 보일 것 같아
속속들이 굳어버린 나무가 있다

노을 앞에 서서 가만히 뒤돌아보는 길을
나이테로 둘둘 감아둔 나무가 있다

징검돌 건너며 들여다본 물속에서
구름과 바람, 날아가는 새들까지
USB에 꼭꼭 숨겨둔 그런 나무가 있다

오르고 싶은 욕망을 향하여 마음껏 달려보지 못했고
사랑다운 사랑도 꿈꾸어 보지 못했으니
메타세콰이아라는 이름은 잊어버린 지 오래

껍질 안 살을 비우고 뼈를 비우고
텅 빈 그 자리에 돌을 들여놓았다, 해서
내 안의 욕망과 사랑이
아주 돌이 되어 버린 건 아니다

내가 나를 외면할수록 슬픈 낯빛이던 나무는
거듭거듭 화려하게 변신하는 중이다

## 함박눈 타르트

얇아지고 얇아지다 보면
유리 가슴이 될 수 있을까

보이지 않던 내 안이 훤히 들여다보이면
모래언덕도, 바다도 보일까

먹잇감이 되지 않기 위해 뛰어야 했던
지난날 내 야생의 바닥에선
검붉은 동백꽃 흥건했다

팽팽한 저 경계를 훌쩍 뛰어넘으면
돌아오지 않아도 좋을, 먼 곳으로의 여행도
맨발로 걸어서 떠날 수 있을 거야

겨울 하늘 아래서 폭설을 만나면
함박눈으로 타르트를 만들어
단내 나는 입안에 가득 넣어야지

걸어온 수만 갈래 길들을
눈 속으로 굴리고 굴려 꼭꼭 되밟아 가다 보면
얇아지다가 끝내 다시 투명해지는 길

가야 할 그 길 또한, 유리의 길일 테니

## 풍경의 무게

두부 한 모 사서 검은 비닐봉지에 담아
손가락에 걸고 집으로 오는데
천 평 콩밭의 무게가 나를 따라온다

툭툭 불거진 뼈마디에 숨어있는 통증

너무 오래 쌓아두었던 장작더미 같은
내 비명의 무게를 눈치챈 걸까
손가락뼈가 찍힌 사진을 보는 의사는 고개를 가로젓는다

"이제 무거운 것은 들지 말고 칼질도 그만하시죠"
혼잣말에 가까운 의사의 말이
달빛망치가 되어 정수리를 내려친다

함부로 움켜쥐고 들어 올렸던
지난날의 무모함이 손가락뼈 마디마디에
퇴적층을 쌓았었나 보다

여러 개 초롱을 매달고
기우뚱 서 있는 초롱꽃에 슬며시 다가가
함초롬히 흘린 눈물을 아픈 손가락으로 닦아준다

# 마지막 고비

바람 빠져 구르지 못하는 자전거를 보면서도
질곡의 길, 함께 달려온 것
까맣게 잊었습니다

달려온 많은 길이 바퀴에 감기고 감겨
그 무게 이기지 못해
과부하 걸린 줄 미처 몰랐습니다

몸 안의 뼈 녹슨 뒤에야
바닥 젖은 한 척의 거룻배처럼
결빙의 강 건너야 한다는 것을 알았습니다

가늠하지 못할 깊은 골짜기에 들어서도
쉽사리 놓지 못하는 고삐 때문에
온몸에 멍이 든다는 것 또한 몰랐습니다

바깥에 머물며 또 바깥을 원하는 너와
안쪽에 머물며 바깥을 원하는 나는
서로를 너무도 몰랐던 것입니다

〉
뫼비우스의 띠처럼
안과 밖이 하나인 줄 알았던 것입니다

허공으로 건너갈 환승의 낯빛인 우리는
가슴 언저리 뻐근해질 대로 뻐근해지고 나서야

환부에 내린 서리를 툴툴 털어냅니다

## 황송한 착각

시시비비 가리다가 세운 비일까
비碑 앞에 서니 내리는 안개비

비문 새기고 비문의 눈빛이 된 소나무
연한 살갗 구피목 될 때까지
옛 주인 간곳없어도
굽힌 허리 펼 줄 모른다

이정표인지, 몸통에 아로새긴 길들
자욱한 삼능 안개에 홀린 듯, 이리저리 헤매다가
돌부리에 걸려 털썩 주저앉은 나
고개 들고 보니 바로 눈앞엔
아달라왕의 무덤

피어오르다 사라지기를 반복하는 안개 속에서
분간되지 않는 전생과 현생, 나는 누구였을까
나인처럼 서 있는 소나무
고요히 웃음 띤 표정 어디서 본 듯하다

도로 달리는 자동차 경적에
화들짝 놀라 서둘러 빠져나온 삼능

〉
이 숲에서 가장 나이 먹은 소나무는
나도 모르는 내 전생 비밀을 알고 있는 걸까
걷히는 안개에도 여전히 굽힌 허리
오래도록 펼 줄 모른다

## 휘발의 시간


가깝던 너와의 거리에서 쑥쑥 자라난 메타세쿼이아
손 닿을 수없는 우듬지다

구름 발자국 성큼 따라가더니
까만 눈빛은 허공으로 휘발되고 말았다

바람 지나간 폐허처럼 휑한 가슴 안쪽
백 리 밖에서도 볼 수 있다는
불안佛眼을 가졌다고 말하던 당신

산딸기 가시덤불 사이로 피어나는 붉은 꽃이
내 그리움이라는 것을 알아볼 수 있을까

한 방향으로 옮겨가는 구름 사이로
무수하게 산란하는 빛, 당신의 눈빛인지
움푹 팬 자리에 고인 슬픔을 데리고
흔적도 없이 사라져 버린다

푸른 하늘 아래서 더욱 짙푸르러지는 메타세쿼이아
서서히 멈춰지는 당신의 시간 앞에서

〉
내게 스며든 나의 그리움도
점차 휘발되고 있다

## 어디나 정점


안녕을 물으며 만난 사람들
수없는 이별을 안녕으로 고했다

눈을 떠도, 눈을 감아도

안녕안녕하다가영안영안영안발음되는
안녕이란 다정한 말 앞에서
내 지난날은 정녕, 안녕하지 못했다

샛별 보면서 시작한 하루에게
제대로 안녕을 고하지 못한 날은
어둠의 모서리에 부딪힌 노을을 만났다

낯선 별의 버튼, 빠르게 누르고
저편에 있는 당신에게 달려가
와락 안기고 싶었으나
잡을 수없는 그림자인 걸 알기에

어제도 안녕, 오늘도 안녕
그리고 내일도
또 내일도

## 눈꽃

달 표면 같은 너였으니
어두운 뒷면까지는 미처 읽지 못했지

잿빛 하늘에선 금시라도
함박눈 쏟아져 내릴 것 같은데
가지런히 벗어놓은 신발은 밑창 닳은
검은 부츠 한 켤레

벽에 걸린 빨간 니트 모자는
밤새 안녕하냐고 상냥한 눈빛으로 물어 왔지만
겨울바람과 밤을 지새운 너는 부동의 자세다

무언으로 보내는 위로의 눈빛
어제의 분주한 약속들은
크리스마스트리 불빛에서 깜박거린다

흰 국화 송이에 묻힌 슬픈 눈동자가
천형처럼 하얗게 가슴에 박히던 날

사랑한다고 말하지 못한 말들이
눈발로 펑펑 쏟아져 아프게 쌓이고 있다

## 푸른 얼룩


언제부터 달을 바라보았을까

목주머니 부풀어 오른 두꺼비
추위 뚫고 엉금엉금 기고 기어서
고요하던 물구덩이 속으로 첨벙 든다

길 위에서 삼킨 눈물을
왈칵! 먹구름으로 쏟아놓을 때
물이끼조차 얼룩으로 번져놓는 저 산란의 몸짓

통증 고인 허공을 밟고 걸어오는
새벽 물안개의 발소리에 놀란
연못의 눈에서는
슬픔도 희망으로 부화하는가

수초들 무릎 흔들리는 동안에도
달빛 기록이 실어 나르는 물비린내

수면에 번지던 푸른 얼룩이

발등까지 타고 올라와
달의 자궁 망월지望月池는 뜨거워지고

내 등가죽도 울룩불룩 따라서 가렵다

4

## 문장 속으로 들어

공감이란 단어를 공감하지 못해서
민낯이 볕 따가운 가을하늘에 아리다

허공의 문장, 바람의 문장, 바다의 문장
쉼 없이 꾸역꾸역 받아먹었으나
겨울을 앞두고 느껴지는 허기

채우려 해도 채워지지 않던
비우려 해도 비워지지 않던 웃음과 울음은
머지않아 길 위의 살얼음처럼 바스락거릴 테지

초록의 시간 잡으려다
바닥으로 곤두박질치기를 여러 번
힐끗 뒤돌아본 거기, 또한 낯선 곳이어서
맨발의 내가 서성이고 있다

사방은 벽, 어디를 두드려도 보이지 않는 문
눈빛으로 읽는 단어들은 처마 끝에 매달려
제 무게 겨운 고드름이 되어갔다

〉
어둠 속에서 보이는 실낱같은 빛 한 줄기
쓴맛 뒤에 맛볼 단맛을 찾아
겨우내 꼭꼭 씹어도 보는 것이다

## 꽃등

돌다리는 떠내려갔다
기다리는 건 살얼음 길
궤도 이탈한 별이라도 있다면
훌쩍 올라타고 싶다

째깍거리는 톱니바퀴는
돌무더기도, 진창도, 살얼음도
익숙해져야 한다고 까치 발걸음에 채찍질한다

각도 다른 이방인들 보내오는 눈빛에
이스트를 넣은 듯 부풀려지는 설움

삭제시키지 못한 공감이란 단어에
울컥울컥 피어오르는 안개
불빛 앞에 서면 눈이 부시다

이리저리 흩어진 낱말들
돌무더기로 쌓여 탑이 되더니
물 지나간 기억의 강둑이 번갈아 켜 드는 등불

초롱꽃, 금낭화, 애기똥풀
아랑곳없이 순서도 없이 핀다

## 꿈꾸는 비상飛上

나뭇가지에 대롱대롱 매달린 고치 속 애벌레
캄캄한 어둠 속에서 얼마를 더 견뎌야 할까

발 부르트도록 걷다가 아무도 풀지 못할 매듭의 길 위에서
현실과 욕망과 싸워야 했던 날들

안개가 강을 가득 메워도 아래로는 강물이 흐르듯
딱딱한 어둠 속에서도 나, 질곡을 빠져나가려 몸부림쳤다

처진 거미줄은 거리마다 넘쳤고
가난한 문신을 지우기 위해 배고픈 별을 머리에 이고 살았다

발이 시리도록 걷는 사람들 틈에서
나, 한 점 생의 불꽃을 화르르 사르고 싶었다

푸른 냄새가 몰려온 새벽
어둠의 중심에서 사라진 묵시의 시간 속 붉은 해는

애벌레의 날개를 기어이 솟구쳐 오르게 했다

## 게임의 법칙

가위, 바위, 보를 내보이면서
두 번 세 번, 지다가 이기다가
당기고 밀면서 가는 세상의 길은 뫼비우스 띠

투명하지 못한 수數가 투명해 보인다면
불안의 덫에 걸렸다는 징조지요

수를 잃어버렸기 때문에 백 년의 시간표도
무용지물이지요

가위를 보여도 바위를 보여도
가야 할 길이 보이지 않는다면
펼친 손바닥 속 길을 따라가야 할 거예요

강이든 바다든 두려움을 지워야만
보이는 數를 모두 쓸어 담을 수 있겠지요

게임의 법칙이 풀리지 않는 날은
사각지대에 갇히기 전에
묶인 숫자의 조합을 하나씩 풀어헤쳐야 해요

가드레일이라도 타고 넘어야 할 테니까요

## 수선집 여름

바늘집에 꽂혀 있던 말들이
더위를 타다가 어떤 무기가 되려나 봅니다

뿔처럼 솟구치다가 찌그러지는 말들

양은냄비처럼 망치로 탕탕 두드려 곧게 펴면
골무가 될 수도 있다는 믿음은
어디서 생겨나는 걸까요

엇갈리고 엇갈린 말들이 난감하게도
실타래처럼 엉켜버리고 만다면
어느 날, 서로 찌르고 찔리는
불상사가 일어날 수도 있겠다는 생각입니다

나팔꽃이 여과지로 쓰인다면
걸러서 듣는 말들은 모두 꽃이 되어
어디서든 지천으로 피어나겠죠

이따금 말이 부리는 요술을 바늘귀에 걸어둔다면
찢어지고 갈라진 것들도
능숙한 손놀림으로 촘촘히 꿰맬 수 있을 거예요

## 감응의 구간

옥탑방 평수坪數를 생각하다가
얼룩말 달리는 평원平原을 생각했다

몇 평에 감금시킨 나를 탈출시키고 싶었던 걸까

유장한 시간이 끌고 온 어둠이
고단해진 격자 문을 빼꼼히 여는 순간
알지 못했던 빛에 눈이 부시다

그 빛, 나를 어디론가 데려가 준다면
토착민에게 붙박이처럼 달라붙어
나도 평원의 일원임을 내세우다가
안개에 쌓인 듯, 지천으로 핀 풀꽃 속으로
맨발로 내달릴 수도 있을 텐데

축축하게 드리워진 몽환의 그늘
마지노선 없는 웃음으로 건너뛸 수도 있었을 텐데

쏟아지는 햇볕에 비로소 까슬까슬해진 몸

풀포기 속 평안에 들어가
우기의 한 계절을 숨죽이며 기다려 보아야겠다

눈빛만큼은 긍정의 방향을 향해 반짝이면서

## 달타령

나는 그믐달이 그리운데 너는 보름달

배고픈 지구가
소리 없이 먹어 치우는 달에는
집을 담보로 대출해 주는 계수나무은행이 있다

양파처럼 한 꺼풀 한 꺼풀 벗겨내니
아무것도 남지 않은 나, 숨이 가빠온다

오른쪽 엄지손톱에서 하현달을 보다가
왼쪽 엄지손톱에서 상현달을 보다가
대출한도액이 보름달로 차오르는 것을 본다

그믐의 밤에 들면 그믐달이 보일까

앙상한 늑골에 숨겨둔 허기에서
소리 없는 나의 비명을 감지한 풀벌레는
울지도 못하고 파르르 떨기만 할 뿐

염주알 헤아리며 만월에게 빌고 싶은 염원은
매달 떠오르는 달빛 때문에 울지 않아도 될

저 우주 너머로 탈출시켜 달라는 것

나는 달 뜬 산을 적시는데
달빛은 나를 바짝바짝 말리고

## 적요를 읽다

아이들 뛰놀다 남겨둔 골목길 체온
길고양이들이 빠르게 파고든다

코흘리개 개구쟁이들 모여 시끌벅적하게 골목을 채우더니
어느새 훌쩍 자라 모두 타지로 떠났다

여전한 삶의 표식인 듯 채소, 과일, 두부 장수 확성기 소리는
전봇대 전깃줄에 칭칭 감겨
휘발의 슬픔도 없이 뭉근한 새똥처럼 남겨졌다

빼꼼하게 열린 대문으로 흘러드는 적요
집도 나도, 자꾸만 낡아 가는데
마당 가에는 해마다 반경 넓히는 국화들이
제멋대로 피었다가 제멋대로 진다

골목길 빠져나간 온기를 증명하는 것일까

한창 우는 풀벌레들 그쳤는가 하면 다시 운다

〉
끈질기게 껴안을 그 무엇이 있다고
너덜거리는 잎 내려놓지 못하는 파초는

적요만 맴도는 골목을 물끄러미 바라보고 있다

## 넝쿨의 힘


텃밭에 심은 호박씨, 싹이 트기 시작했다
넝쿨의 방향은 어느 쪽으로 향할까
비에 젖고 바람에 흔들리면서도

기어이 호박꽃은 피겠지

네게서 뻗어 나오는 생의 넝쿨도 가는 길 예측할 수 없지만
그렇게 꽃피우며 길 찾아가겠지

마디마디 맺힌 자리에 피는 꽃은 눈물의 꽃
열매 매달기 위한 길이지

받아먹은 비로, 바람으로, 햇살로
익어가는 몸 안에 영근 씨앗 가득 채웠으니
슬픈 노래의 후렴은 넝쿨째 굴러들어 오는 호박이어야 하지

가슴 언저리에서 타들어 가는 얼룩진 잎들
바람에 바스러지고 나면 그제야 온전히 드러나는

누렇게 익은 호박덩이

네 몸 안의 넝쿨도 더듬이 따라
돌무더기를 넘고 가시울타리도 넘었으니

두 손으로 황금빛 호박덩이 번쩍
이젠 안아 들 수 있을 거야

## 사랑의 구충제

가슴에서 기생하는 기생충이
머릿속으로 옮겨갈 때, 어떤 처방을 해야 하나

무한정인 사랑은 해독제가 없어
깊은 수렁으로 빠져들고 말 테지만
멈추지 않는 시선은 어디로 향해야 할까

탁한 세상을 본다는 것은
거인의 어깨에 앉혀 둔 앵무새의 눈에
검은 선글라스를 얹어 주는 것

무한한 사랑은 상상의 원동력이 되어
당신을 연금술사로 만들어 주기도 하지

사랑의 세레나데가 변주되는 동안
잿빛 하늘에서 번갈아 내리는 싸락눈, 함박눈, 진눈깨비

내 가슴에도 당신 가슴에도 꿈틀대는
내리사랑이란 기생충을 무엇이라 명명해야 할까

〉
계절의 눈빛으로나 가늠하던 꽃의 민낯을 본다는 것은
때죽나무 가지에 조롱조롱 매달린 꽃봉오리들
종소리 내면서 우르르 필 때

사랑에도 구충제가 필요하다고 외치는 나
지는 해를 보며 거울 속으로 달아나다가

다시 해가 떠오르면 당당하게 걸어 나올 거야

## 순례의 길에서

산동네 저수지가 흉흉한 소문에 휩싸였다

한 남자가 낚싯대를 펴놓은 채
밤새 보이지 않았다는데
다음 날 보니 물 위에 둥둥 떠 올랐다는

건너편의 소나무도
이쪽 편의 느티나무도
밤눈 뜨고 서로 마주 보고 있었으니
소문의 진상은 알고 있었을 텐데 발설할 수 없을 뿐

한때 저수지 순례를 했던 나

어깨에 지고 있는 삶의 무게 너무 힘겨워
오지의 산속까지 찾아들었으나
시커먼 산 그림자를 부르는 물의 어둠에
나, 두 눈 꼭 감고 말았다

떠나는 자와 남겨진 자의 경계에서면
뱀처럼 똬리를 틀고 앉은 시간이
그림자 같은 업장을 가린다고 했던가

〉
수면 위로 고개 곧추세운 물뱀 한 마리
어디론가 쏜살같이 달려갈 뿐
풍경을 마저 읽지 못한 채
물속으로 뛰어들었던 한 남자의 몸 건져 올리고 보니

미처 읽지 못했던 세상의 뚫린 구멍에서
주르르 긴 물줄기로 쏟아지고

## 꽃의 전도사

어서 와! 사랑은 처음이지?

환청인 듯, 들려오는 목소리에 화들짝 꿈에서 깨어났어요

사랑? 사랑이라니!

허공 날고 있는 저 한 쌍의 부전나비처럼
사랑다운 사랑을 한 번이라도 해보았을까
건조한 감정으론 해독 불가예요

걸어온 생의 길 열두 번도 더 넘어졌죠
상처의 몸 감싸기에 바빴고
표정은 늘 위장을 선택해야 했어요

뜨겁게 담금질하던 심장은 풀꽃 피는 들판을 향해 달려가
불어 드는 찬바람에 울컥 쏟아놓기도 했어요

풀꽃 흔드는 종소리에 뭉게뭉게 부풀린 구름을 데려와
안락함이란 옷을 입혀 주고도 싶었어요

〉
사랑의 꽃술 더듬는 나비들은
온몸에 듬뿍 묻힌 꽃가루로

더 많은 풀꽃 반경을 넓혀갈 테니까요

## 붙박이의 꿈


공중부양을 꿈꾼 적 없어도 높은 곳은 자주 올려다보았습니다

바닥은 바닥이 편한 줄로만 알아서
떨어지는 동백, 능소 다 받아주다가
밀어낼 줄 모르는 바닥의 본능에 빠지고 맙니다

싹틀 희망의 씨는 있기나 한가요?

본시 위태로운 수직을 꿈꾸지 않았으니
오늘은 바닥에 붙어 떨어지지 않는 껍딱지에
한 줌 온기를 보태 보려 합니다

바닥에서 바닥으로 둥둥 떠다니는 검은 눈빛에서도
수없이 피는 화엄의 꽃을 보았으므로
더는 바닥을 버리고 싶지는 않지만

유난히 달이 밝은 밤에는 피에로의 몸짓으로
동아줄을 기다려 볼까도 합니다

〉
바닥에서 흘린 눈물이 바닥으로 흐르는 줄만 알았는데
바닥도 빗물로 내려올 수 있다는 것을
바짝 마른 안구로 하늘 올려다보며 알았습니다

울음주머니 다 쏟아버리고 나면
등불 같은 달, 눈 안에 담을 수 있겠지요

# 너는 나를 볼 수 없지만


잊혀도 잊힌 줄 모르고, 잊고 싶어도 잊지 못한 채
스스로 오리나무 숲에 들었다면

술래의 시간은 오리무중에 갇히고 만 거야

살아가면서 조절하지 못한 격한 감정이
젖은 낙엽 속에서 한 줄기 빛으로 반사되었다면

깨달음에 이르렀다는 방증

절벽을 향한 발걸음이 심장 박동 소리 아프게 들렸다면
멈칫거리다가, 한 발짝씩 뒤로 물러설 거야

잊어야 한다는 생각이 잊혀버렸다는 생각을 앞질렀다면
오리나무 숲에 날아든 새들의 지저귐 소리는

맑게 들려올 거야

오리무중은 흔적 없이 사라지고
하늘과 눈빛 인사도 나눌 수 있을 거야

〉
나를 스쳐 간, 수많은 이별의 눈빛도
둥글 대로 둥글어져 가는 몸의 나이테 안으로

휘리릭 감길 거야

해설
# 카이로스적 시간의식을 통한 존재론적 현실의 자각

박남희 | 시인·문학평론가

## 1. 고통과 어둠의 서사, 또는 카이로스적 시간의 스펙트럼

니체는 고통을 삶의 필수 조건이며 예술적 승화를 통해서 삶의 원동력이 된다고 보았다. 그 고통을 이미지화해서 빛과 어둠의 스펙트럼으로 펼쳐놓으면 어둠 쪽에서 고통이 만져진다. 인간은 고통이 극에 달할 때 선택의 기로에 서서 자신을 돌아보게 된다. 이때 고통은 자아를 비추는 거울로서 메타인지 장치의 기능을 갖는다. 하지만 고통이라는 거울은 인간이 다양한 삶을 통해 직면하는 모든 문제를 해결하는 열쇠가 되어주지는 않는다. 특히 고통이 어둠의 옷을 입고 나타날 때 현실은 감당하기 어려운 불확실성 속으로 빠져든다. 이때의 어둠은 무채색에 가깝지만, 사물이나 현실을 뚜렷이 드러내는 배경이 되기도 한다. 하이데거는 진리를 단순히 '사실'이 아니라 드러남, 즉 비은폐 unverborgenheit로 보았다. 그런데 드러남은 항시 은폐를 동반한다. 은폐를 상징하는 어둠 역시 드러남을 위한 배경으로서 중요한 의미를 가진다.

 심수자 시인의 시에 등장하는 고통의 서사나 어둠 이미지도 이와 유사한 성격을 지니고 있다. 심수자의 시 「무채색의 변」에 등장하는 어둠은 무채색과 고요라는 옷을 입고 있다.

  칠흑의 어둠이 고요를 데려왔다

  흰 고요일까, 검은 고요일까

  검은 옷을 입어도 흰옷을 입어도
  온전히 제 모습 드러내지 않는
  무채색은 무채색일 뿐

  어둠에 젖은 갈망의 눈빛이 번뇌에 이르기까지
  108번을 백팔 번 부르짖어도
  채색의 무늬는 보여주지 않는다

  어둠이 깨어지면 고요는 옷을 벗을 테지

  소소한 소리들이 반경 넓혀가는 동안
  흰옷도 검은 옷도 물러설 곳 없어
  그라데이션으로 자신을
  조금씩 드러낼 테지

반짝이며 쏟아지는 무수한 빗금들
수면의 안개가 지울 때까지

　　　　　　　―「무채색의 변」 전문

　이 시의 첫머리가 "칠흑의 어둠이 고요를 데려왔다"로 시작되는 것은, 이 시가 '어둠을 통한 인식의 발견'이라는 주제로 나아가기 위한 단초이다. 이어서 화자가 고요를 '흰 고요'와 '검은 고요'로 세분하고 있는 것은 고요 속에 무언가 감추어진 것이 있기 때문이다. 그렇지만 현상적으로 고요는 흰색도 검은색도 아닌 무채색으로 보일 뿐이다. 그런데 화자는 4연에서 '어둠에 젖은 갈망의 눈빛'을 말함으로써 고요 속에 은폐되어 있던 '번뇌'를 드러낸다. 그동안 번뇌를 감추고 있었던 것은 어둠이며 어둠은 고요라는 옷을 입고 있어서 그 속에 감추어져 있던 번뇌의 실체는 드러나지 않고 있었던 것이다. 하지만 현실은 고요를 고요로 그냥 내버려두지 않는다. "소소한 소리들이 반경을 넓혀가는 동안"의 삶이 인간의 삶이라면, 어둠 속에 감추어져 있던 희고 검은 성격의 삶의 서사는 결국 본 모습을 드러내게 된다.

　화자에 의하면 우리의 삶은 빛과 어둠 사이에 펼쳐져 있는 그라데이션이다. 빛과 어둠 사이에서 "반짝이며 쏟아지는 무수한 빗금들"인 그라데이션은 화자의 카이로스적 시간 의식과 맞닿아 있다. 어둠이나 고요 속에 은폐되어 있던 것들이 "반짝이며 쏟아지는 무수한 빗금들"로 드러나는 것은 화자가 일상적인 크로노스적인 시간 속에서 특별한 의미를 지닌 카이로스적 시간 의식을 갖게 됨으로써 가능해진다. 이때 화자는 시간의 스펙트럼 속에 드러나는 구체적인 삶의 진실을 경험하게 된다.

> 바다에 닿은 발끝, 버티고 버티다가
> 아무렇지도 않게 새벽달을 삼켰다
>
> 어둠의 낱장 얼마나 더 넘겨야
> 필사적으로 얼마를 더 내 달려야 추락은 멈추게 될까
>
> 이명처럼 들려오는 비명에
> 풀리지 않는 매듭 손에 쥐고 끙끙거려도
> 바다의 깊이는 어떤 도구로도 잴 수가 없다
>
> 빙그르르 도는 오류의 시간 속에서도
> 또 다른 등고선을 넘어 활짝 피는 꽃
>
> 낮은 곳으로 흐르는 물줄기 따라가면
> 초록 달로 덩그러니 솟구쳐 오를 수 있는 희망
> 넝쿨의 한 매듭인 자신을 끝점에서나 만날 수 있을까
>
> 시장바닥에서 고르고 고르다가

두 손으로 번쩍 들어 올린 수박
집으로 들고 와 칼로 쪼개니
뜨겁던 가슴 안쪽에 알알이 박힌 씨앗들

검게 여물었다, 종자로 쓸 수 있을 만큼
― 「바닥論」 전문

칼 융에 의하면 '바닥'은 그림자가 완전히 드러나는 시점으로, 어둠 이미지와도 연관된다. "바닥에 닿은 발끝, 버티고 버티다가/ 아무렇지도 않게 새벽달을 삼켰다"는 첫 구절은 삶이 극한 상황에 이르러 '새벽달'조차 삼켜버리고 끝없는 어둠의 장막 속으로 들어가는 과정을 보여준다. 어둠의 깊이이기도 한 "바닥의 깊이는 어떤 도구로도 잴 수가 없다". 그러므로 미지의 어둠 속으로 빠져들다 보면 결국 추락을 경험하게 된다. 인생은 "풀리지 않는 매듭 손에 쥐고 끙끙"거리면서 추락하지 않기 위해 발버둥 치는 과정이다.

위의 시에서 중심 이미지로 사용된 '수박'은 넝쿨로 뻗어가다가 꽃을 피우고 결국에는 둥근 열매를 매다는 넝쿨식물로 '바닥'과 밀접한 연관성이 있는 식물이다. 이 시의 수박은 "넝쿨의 한 매듭인 자신을 끝점"에서 만나기 위해 바닥으로 끝없이 뻗어가지만, "낮은 곳으로 흐르는 물줄기 따라가면/ 초록 달로 덩그러니 솟구쳐 오를 수 있는 희망"을 갖고 있는 존재이다.

화자는 시장바닥에서 수박을 고르고 골라 집으로 가져와서 칼로 쪼개는데, 이는 자신의 내면에 숨어있던 어둠의 정체를 발견해 내는 과정을 은유적으로 표현한 것이다. "뜨겁던 가슴 안쪽에 알알이 박힌 씨앗들"은 화자가 그동안 발견할 수 없었던 내면적 실존의 모습이며, "검게 여물었다, 종자로 쓸 수 있을 만큼"이라는 표현에서 '종자'는 존재론적 인식의 바탕이 되는 '어둠의 종자'를 의미한다고 볼 수 있다. 수박씨에서 '어둠의 종자'를 은유해 내는 시인의 상상력 역시 앞에서 언급한 카이로스적 시간의식의 산물이라고 말할 수 있다.

## 2. 겨울의 한계상황과, 봄과 희망의 서사

　인간의 삶을 사계절로 나누어 본다면 겨울은 죽음과 연관된, 삶이 마감을 기다리는 계절이다. 야스퍼스는 겨울을 생명의 힘이 약해지고 죽음의 그림자가 짙게 드리우는 생명의 한계상황을 의미하는 은유로 본다. 하지만 겨울은 동시에 보이지 않는 곳에서 생명이 움트는 봄 이미지를 내장하고 있으며, 삶의 혼탁과 불필요함을 비워내고 정화해 주는 의미를 동반하기도 한다. 겨울은 자연이 활동을 멈추고 차가운 침묵 속으로 잠기는 시기이며 이러한 정지와 은폐를 통해서 유동 상태에서는 제대로 감지할 수 없었던 존재를 오히려 선명하게 드러내 주는 시간이다. 이런 관점에서 우리는 겨울이 일종의 카이로스적 시간임을 알 수 있다.

심수자 시인의 시에는 유독 겨울 이미지가 빈번하게 등장한다. 이는 그의 삶이 질곡의 삶이었으리라는 짐작을 가능하게 해준다. 실존주의 철학자인 칼 야스퍼스가 겨울을 '한계상황'으로 명명했듯이 질곡의 삶은 인간으로 하여금 피할 수 없는 고통과 부자유를 느끼게 해준다. 이때 인간은 질곡의 삶을 통하여 한없이 무너져 내리기도 하지만 동시에 고난 속에서 새로운 질서를 발견하기도 한다.

눈의 무게 이기지 못한 침엽수 비명이
산길의 고요를
우지끈 깨우는 것입니까

길도, 바위도, 묵언 중이어서
까마귀조차 울지 못하고 빙빙

세울 이정표는 얼마간의 기다림이 필요합니다

우지끈 먼 가지로부터 무너지는 소나무는
곁에 누군가 있어도 외롭다는 몸짓입니까

추위 끝에 피워낸 얼음꽃이라 한들
외로움 끝에 피워낸 상고대라 한들

투명이 투명을 부여안았다 해서
당신이 함부로 내뱉은 말에는
뼈가 없다 자부할 수 있겠습니까

하얀 풍경에서 까만 점으로 날아오른
까마귀 꽁꽁 언 부리에는
어느새 솔잎 몇 개 물려 있습니다

추워 보이는 돌탑 정수리를
가만가만 덮어주려나 봅니다
—「겨울 단상」전문

 겨울은 지상에 존재하는 모든 생물이 활발했던 활동을 줄이고 휴면기에 드는 계절이다. 인생에 있어서 겨울은 뜨겁던 청춘의 여름을 지나 중년 후반기의 가을을 넘어 도달하게 되는 죽음에 근접한 노년을 상징하기도 한다. 순환적 시간관을 통해 바라보는 겨울은 단순한 종말이 아니라 다가올 봄을 위한 준비의 시간이다.
 이 시의 초두에서 화자는 "눈의 무게 이기지 못한 침엽수 비명이/ 산길의 고요를/ 우지끈 깨우는" 상황을 제시하고 있다. 이러한 상황은 일차적으로 겨울이라는 혹독한 상황을 견디지 못하고 '눈의 무게'에 우지끈 꺾이는 나뭇가지를 통해서 한계상황 속에서 어려움을 겪고 있는 인간의 혹독한 삶을 은유한 것으로 읽히지만, 불교에서 번뇌를 씻고 깨달음에 가까워지는 상징으로 쓰이는 '설정雪淨' 이미지를 이 시에 적용해 보면 이 구절은 설정雪淨을 통한 깨달음이라는 불교적 담론과 만나게 된다. 이 시에서 눈이 일깨우는 산길의 고요는, 겨울을 도道에 가까워지는 고요로 인식하는 동양철학에서의 고요와 연결된다. "길도 바위도 묵언 중"이라거나 "추워 보이는 돌탑' 이미지만 보아도 이 시가 지니고 있는 불교적 깊이를 짐작할 수 있다.

겨울눈의 무게에 가지를 부러뜨린 침엽수를 통해서 우리가 알 수 있는 것은, 침엽수 속에도 무언가 말하고 싶은 언어가 숨어있다는 점이다.

화자는 그것을 '뼈있는 말'이나 "하얀 풍경에서 까만 점으로 날아오른 까마귀"로 묘사한다. 추워 보이는 돌탑 정수리를 덮어주기 위해 까마귀가 부리로 물고 온 '솔잎 몇 개'에는, 혹독한 환경을 이겨내고 다시 희망의 봄을 맞겠다는 의지의 상징이다.

얇아지고 얇아지다 보면
유리 가슴이 될 수 있을까

보이지 않던 내 안이 훤히 들여다보이면
모래언덕도, 바다도 보일까

먹잇감이 되지 않기 위해 뛰어야 했던
지난날 내 야생의 바닥에선
검붉은 동백꽃 흥건했다

팽팽한 저 경계를 훌쩍 뛰어넘으면
돌아오지 않아도 좋을, 먼 곳으로의 여행도
맨발로 걸어서 떠날 수 있을 거야

겨울 하늘 아래서 폭설을 만나면
함박눈으로 타르트를 만들어
단내 나는 입안에 가득 넣어야지

걸어온 수만 갈래 길들을
눈 속으로 굴리고 굴려 꼭꼭 되밟아 가다 보면
얇아지다가 끝내 다시 투명해지는 길

가야 할 그 길 또한, 유리의 길일 테니
　　　　　　　　　　　　　　─「함박눈 타르트」 전문

   눈이 무게를 얻으면 가지를 부러뜨리는 부정적 상황이 연출되기도 하지만, 이 시의 화자는 이런 부정적 이미지를 넘어 달관에 이르려는 듯 함박눈으로 타르트를 만드는 상상을 한다. 물론 밀가루에 버터와 계란을 넣어 만든 에그 타르트처럼 '함박눈 타르트'를 실제로 만들 수는 없지만, 화자는 눈이 얇아져 투명한 유리 가슴이 되어 "보이지 않던 내 안이 훤히 들여다보이면/ 모래언덕도, 바다도 보일"지 모른다는 희망의 상상을 하고 싶은 것이다. 눈이 바람의 먹잇감이 되듯 야생에서는 강자의 먹잇감이 되지 않기 위해 뛸 수밖에 없다. 그리하여 화자는 팽팽한 삶과 죽음의 경계를 훌쩍 뛰어넘어 돌아오지 않아도 좋을, 먼 곳으로 여행을 떠나고 싶어한다. 그러다 "겨울 하늘 아래서 폭설을 만나면/ 함박눈으로 타르트를 만들어/ 단내 나는 입안에 가득 넣어야지"라는 낙천적 상상에 이른다. 하지만 이러한 상상은 실제로는 일어나기 어려운 상상이라는 점에서 역설적이다. 이러한 역설은 결국 "걸어온 수만 갈래 길들을/ 눈 속으로 굴리고 굴려 꼭꼭 되밟아 가다 보면/ 얇아지다가 끝내 다시 투명해지는 길"이 모래 언덕이나 바다가 보이는 희망의 길이 아니라, 발로 밟으면 금방 깨어질 '유리의 길"임을 말해준다.

앙상한 활엽수 가지 사이로 밤새 내려온 눈발이
가랑잎 덮인 무덤 위에 얼음꽃 피웠다

바위에 흩뿌려진 눈가루는 시루떡
층층이 쌓인 탑은 배고픈 새들을 불러들인다

겨울 산 오르는 길 어디쯤에서
털썩 주저앉은 나, 그대로 굳어져 버린다면

먼 훗날, 어느 누가 지나다가
나인 것을 알아볼 수 있을까

미끄러워 허우적거릴수록 꽁꽁 가둬버리는 상고대
겨울 산에서 얼마를 더 기다려야
노란 꿈 복수초를 볼 수 있을까

저만치에 선, 부처 닮은 큰 바위 얼굴은
고픈 배는 뒷전, 눈썹이 무거워 글썽거리는 눈빛

만 가지 번뇌가 만 가지 희망이 되는 가야산은
이제야 만물상을 차린 것이다

― 「빙점」 전문

  빙점은 얼음이 얼지 않은 상태와 완전히 언 상태의 경계를 가리킨다. 일반적으로 얼음이 어는 겨울은 생명이 멈춘 상태를 가리키고 종종 죽음의 은유로도 사용되지만, 하이데거는 이러한 상태를 철학적으로 해석해서 존재가 변모하는 순간의 현상이라고 말한다. "앙상한 활엽수 가지 사이로 밤새 내려온 눈발이/ 가랑잎 덮인 무덤 위에 얼음꽃 피"우는 모습은 깊은 겨울 속에서도 역설적이지만 희망 가득한 아름다운 세상을 우리에게 보여준다. 이 시의 초두에 등장하는 '얼음꽃'은 "미끄러워 허우적거릴수록 꽁꽁 가둬버리는 상고대/ 겨울 산에서 얼마를 더 기다려야/ 노란 꿈 복수초를 볼 수 있을까"라는 화자의 독백에서 촉발된 희망의 이미지이다. 눈이 상고대가 되고 얼음꽃이 되는 상황은 아직 봄의 기별과는 먼 상황이지만, 화자는 "만 가지 번뇌가 만 가지 희망이 되는 가야산은/ 이제야 만물상을 차린 것이다"고 하여 혹독한 현실 속에서도 오히려 희망을 찾아내는 카이로스적 발상을 보여준다.

### 3. 달 이미지, 가난과 고통을 넘어서는 초월서사

태양에게 빛을 빌려 쓰는 달은 때때로 결핍의 상징으로 쓰인다. 달은 차고 기우는 변화를 통해서 풍부와 가난을 넘나드는 순환성을 보여준다. 그런가하면 달은 차갑고 멀리 있다는 점에서 냉철한 단절감을 통한 고통의 징표로도 읽힌다. 이런 관점에서 심수자의 시에 등장하는 달 이미지가 가난이나 고통의 서사와 밀접한 연관을 갖고 있다는 점은 오히려 자연스러운 것이다. 또한 달은 영혼의 깊은 영역을 비추는 초월적 거울의 성격을 지니고 있다.

전래동화 속에 나오는 달은 일종의 문토피아moontopia가 되어 토끼와 계수나무의 서사를 보여주기도 한다. 이처럼 달은 그 고유한 성격 안에 다양한 의미를 내포하고 있다.

나는 그믐달이 그리운데 너는 보름달

배고픈 지구가
소리 없이 먹어 치우는 달에는
집을 담보로 대출해 주는 계수나무은행이 있다

양파처럼 한 꺼풀 한 꺼풀 벗겨내니
아무것도 남지 않은 나, 숨이 가빠온다

오른쪽 엄지손톱에서 하현달을 보다가
왼쪽 엄지손톱에서 상현달을 보다가
대출한도액이 보름달로 차오르는 것을 본다

그믐의 밤에 들면 그믐달이 보일까

앙상한 늑골에 숨겨둔 허기에서
소리 없는 나의 비명을 감지한 풀벌레는
울지도 못하고 파르르 떨기만 할 뿐

염주알 헤아리며 만월에게 빌고 싶은 염원은
매달 떠오르는 달빛 때문에 울지 않아도 될
저 우주 너머로 탈출시켜 달라는 것

나는 달 뜬 산을 적시는데
달빛은 나를 바짝바짝 말리고

—「달타령」전문

'달타령' 하면 떠오르는 것은 "달아달아 밝은 달아 이태백이 놀던 달아~"로 시작되는 김부자의 노래 '달타령'이다. 그 노래 가사를 따라가다 보면 달이 우리에게 얼마나 친숙한 존재이며 얼마나 다양한 서사를 던져주고 있는지를 알 수 있다. 물론 심수자의 '달타령'에도 일정한 서사가 있다.

그런데 이 시는 "배고픈 지구가/ 소리 없이 먹어 치우는 달"로서의 결핍의 서사가 중심을 이루고 있다. 달은 지구와의 관계에서뿐 아니라 달 자체로도 그믐달로 상징되는 결핍의 서사를 내장하고 있다. 그런 점에서 달은 "한 꺼풀 한 꺼풀 벗겨내니/ 아무것도 남지 않은" 양파와도 닮아 있다. 일반적으로 달이 차서 보름달이 되는 것은 풍부의 상징인데, 이 시는 오히려 "대출한도액이 보름달로 차오르는 것을 본다"고 하여 역발상의 상상력을 보여준다. 이러한 역발상은 우리가 생각하는 통념적인 부의 관념을 허무는 파격이 있다.

이러한 파격을 이해하는 열쇠는 이 시에 등장하는 달의 세속성에서 찾을 수 있다. 즉 이 시에는 세속적인 부를 가난으로 보는 역설이 존재한다. 그리하여 화자는 "염주알 헤아리며 만월에게 빌고 싶은 염원은/ 매달 떠오르는 달빛 때문에 울지 않아도 될/ 저 우주 너머로 탈출시켜 달라는 것"임을 말하고 있다.

언제부터 달을 바라보았을까

목주머니 부풀어 오른 두꺼비
추위 뚫고 엉금엉금 기고 기어서
고요하던 물구덩이 속으로 첨벙 든다

길 위에서 삼킨 눈물을
왈칵! 먹구름으로 쏟아놓을 때
물이끼조차 얼룩으로 번져놓는 저 산란의 몸짓

통증 고인 허공을 밟고 걸어오는
새벽 물안개의 발소리에 놀란
연못의 눈에서는
슬픔도 희망으로 부화하는가

수초들 무릎 흔들리는 동안에도
달빛 기록이 실어 나르는 물비린내

수면에 번지던 푸른 얼룩이
발등까지 타고 올라와
달의 자궁 망월지望月池는 뜨거워지고

내 등가죽도 울룩불룩 따라서 가렵다
　　　　　　　　　　　　－「푸른 얼룩」 전문

이 시의 서사는 "목주머니 부풀어 오른 두꺼비/ 추위 뚫고 엉금엉금 기고 기어서/ 고요하던 물구덩이 속으로 첨벙 든다"로 시작된다. 추위를 뚫고 산란을 위해 물구덩이를 찾아드는 두꺼비의 모습은 고통을 넘어서려는 초월서사의 서막처럼 보인다. 실제로 대구 망월지는 매년 두꺼비들이 몰려와 알을 낳고 서식하는 두꺼비 서식지로 유명하다. "언제 달을 바라보았을까"라는 첫 행으로 미루어보면 망월지로 두꺼비들이 모여드는 것은 달을 바라보기 위한 것이다. 그런데 여기서 달을 바라보는 행위는 교미를 하고 알을 품는 행위의 은유로 읽힌다. "수초들 무릎 흔들리는 동안에도/ 달빛 기록이 실어 나르는 물비린내"라는 표현이 이를 암시해준다. 그리하여 "수면에 번지던 푸른 얼룩이/ 발등까지 타고 올라와/ 달의 자궁 망월지望月池는 뜨거워지"게 되는 것이다. '망월지'라는 연못 이름에서도 짐작해 볼 수 있듯이 두꺼비가 달을 바라보는 행위는 춥고 삭막했던 현실을 넘어 '달의 자궁'에 들어 뜨거운 사랑을 이루려는 일종의 초월의식이라고 볼 수 있다. 그리하여 이를 카이로스적 시간관에 비추어 보면 일상적 시간성을 뛰어넘으려는 초월적 행위라고 말할 수 있다.

## 4. 길 이미지와 삶의 존재론

하이데거에 의하면 '길'은 단순한 이동통로나 교통수단이 아니라 존재의 사유가 나아가는 방향이다. 여기서 하이데거가 말하는 '사유의 길'은 고정된 진리를 향하여 나아가는 것이 아니라 끊임없이 존재의 정체성을 찾아 해석하며 나아가는 과정이다. 이는 우리가 살아가는 인생길을 존재론적으로 바라본 철학적 표현이라고 말할 수 있다.

카뮈는 인생길이 지향하는 목적을 삶보다는 과정에 두고 있다.

심수자의 시들 중에는 길 이미지를 통해서 스스로의 삶을 탐색해 나가는 과정을 보여주는 시들이 보인다. 그의 시에 나타나는 길 이미지는 철로, 물길, 허공 길, 꽃잎의 길, 하늘 길 등 다양하다.

>제1 열차엔 꽃봉오리들 가득하고
>제2 열차엔 젊은 연인 커플들 다정해 보인다
>제3 열차는 신혼부부들 전용 칸?
>
>어느 칸이 내가 타야 할 칸인지
>눈앞 흐릿해 제대로 보이지 않는 숫자들
>몇 칸을 뒤로 물러나도 눈에 들어오지 않는 내 자리

산천호, 산그림자 데리고 그냥 내달린다

　　　야간열차에 몸을 싣고 덜커덩거리며
　　　새벽에 닿은 종착역이 낯설었던 그때는
　　　나, 꽃봉오리로 해운대를 찾았었는데

　　　산그늘 사라지니, 뒤따르는 석양

　　　저 노을을 만나지 못했다면
　　　창밖도 창안도 아름답다는 것 알기나 했을까

　　　보이는 마을 교회 철탑 위 십자가
　　　개밥바라기별이 뜬 듯 반짝이는 불빛 속으로
　　　기차는 서서히 달리다 멈추고
　　　이것이 본래 기차의 운명이라는 듯
　　　멈추었다가 또 달리고
　　　　　　　　　　　　　　　－「내가 탄 기차는」 전문

　이 시는 철길을 인생길로 비유해서 젊은 시절과 노년에 가까워진 삶을 대비적으로 반추해 보여주고 있다.
　1연에서 보여주는 열차 안 풍경은 꽃봉오리들과 젊은 연인 커플들과 신혼부부들 같은 청춘들로 가득한 풍경이다. 그런데 2연의 화자는 이러한 풍경을 보면서 나이를 먹어 "눈앞이 흐릿해 제대로 보이지 않는 숫자들"을 보며 낙심을

하고 "몇 칸을 뒤로 물러나도 눈에 들어오지 않는" 자신의 자리를 통해 어느덧 노년 가까이 다가와 있는 자신의 존재를 깨닫게 된다. 이 시에 등장하는 '산그림자'나 '산그늘'은 태양이 중천에 더 있을 때 더욱 선명하게 보이는 이미지라는 점에서 역설적으로 청춘에 가까운 이미지라면, '석양'이나 노을 이미지는 그 속에 노년의 의미가 담겨 있다. 이 시의 후반부에서 화자가 '노을'의 아름다움을 통해서 노년의 삶의 아름다움을 말하고 있지만, 그것은 청춘의 아름다움에 비견되는 정도의 비중을 갖지는 못한다.

 이러한 정황은 그의 다른 시 「맨발의 감정」에도 보인다. "발 부르트도록 걷다가 달리다가/ 생긴 가슴 통증, 얼마를 더 견뎌야 꽃/ 바글바글 피워 걸어갈 길에 등불로 밝힐 수 있을까// 배가 고파 발등밖에 볼 수없는 나는/ 지평선 따라 쉼 없이 걸어가지만/ 땅의 끝은, 잡히지 않는 신기루"일 뿐이라는 화자의 진술은 어딘가 서글퍼 보인다.

   어제도 말없이 흘러온 형산강 따라
   나도 흐르고 있다

   보았다 해서 보았다, 말하지 않고
   들었다 해서 들었다, 하지 않는
   자갈돌 깔린 나의 바닥을
   강물은 얼마만큼이나 이해하는가?

타인이었던 우리가
마주친 눈빛만으로 온기가 느껴진다는 것은
함부로 체위를 바꾸지 않고 흐르는 저 강 때문

이승과 저승을 되새김질하면서
서로 잡고 놓지 못한 끈적거림이
강변의 수풀로 자라고 있다

예전의 물길이 오늘과 같다고
저문 강 앞에 짐작하는 건
나 혼자만의 오류는 아닐 것

서로가 서로에게 등을 내어주다가
끌고 간 것도 끌려간 것도 아닌 너와 나
아직도 함께 유유히 흐르고 있으므로

— 「내가 흘러, 너도 흘러」 전문

 인간 존재가 걸어가는 인생길은 혼자 걸어갈 수 있는 길이 아니다. 인생길을 걸어가는 자는 필연적으로 그 과정 속에서 누군가를 만나게 되어있다. 그 길을 함께 걸어가는 자를 동반자라고 한다면 길에서 우연히 마주치는 행인들도 있다. 그런데 동반자건 행인이건 인생길을 가는 자는 만남을 통해 나름대로의 의미를 가진다. 그것은 레비나스가 말한 대로 타자와의 만남이야말로 존재의 의미를 풍요롭게 만드는 사건이기 때문이다.

위의 시에서 '형산강' 물길은 인생길의 은유이다. 강물은 흐르면서 "보았다 해서 보았다, 말하지 않고/ 들었다 해서 들었다, 하지 않는/ 자갈돌 깔린" 바닥을 유유히 흘러간다. 시간의 강물은 흐르면서 "타인이었던 우리가/ 마주친 눈빛만으로 온기가 느껴"지게 하는 마술을 보여주기도 한다. 그런데 화자는 동반자와 함께 걸어온 인생길에서 "서로가 서로에게 등을 내어주다가/ 끌고 간 것도 끌려간 것도 아닌 너와 나"라는, 삶의 존재론적 평등의 의미를 발견한다. 이러한 발견은 화자가 인생이라는 크로노스적 시간 속에서 카이로스적 깨달음을 얻음으로써 실현된다.

이상에서 살펴본 바와 같이 심수자의 시에는 카이로스적 발견을 통해 세상을 새롭게 바라보려는 시적 개성이 있다. 그의 시에는 가난, 고통, 어둠, 그늘, 석양, 얼룩, 그믐, 빙점 같은 마이너 계열의 이미지나 관념이 넘쳐나지만, 그러한 것들이 종국에는 극복의 서사 속에 녹아들어 한층 시의 깊이를 더해주고 있다.

그의 시의 바탕에 깔려있는 불교적 상상력은 존재와 세계를 깊이 있게 관조하고 통찰하는 새로운 경험을 선사해 준다. 이 시집의 서두 '시인의 말'을 대신한 시 「잔인한 처방전」에서 화자는 자신의 시가 "쌓인 함박눈의 무게를 견디는 소나무 눈빛"과 "듬뿍 뿌려진 소금에 고개 들지 못한 고등어 침묵"과 "갓 뽑아내어 끈적한 거미줄에 팽팽하게 걸어둔 죄책감"을 견디기 위한 '가면' 등으로 이루어져 있음을 말하고 있다.

이러한 시인의 고백처럼 심수자의 시는 정직하고 건강하다. 그렇기 때문에 앞으로 쓰일 그의 시들에 얹힐 내밀한 상상력과 창의성이 어떤 무게로 새롭게 다가올지 기대가 크다.

---

**박남희** 1996년 《경인일보》, 1997년 《서울신문》 신춘문예로 등단. 시집으로 『폐차장 근처』 『이불속의 쥐』 『고장 난 아침』 『아득한 사랑의 거리였을까』 『어쩌다 시간여행』이 있으며, 평론집으로 『존재와 거울의 시학』이 있다. 현재 시전문지 《아토포스》 발행인 겸 편집주간으로 있다.